Inge-Rose Lippok Idee + Bilder
Ingrid Frank Text

**Künstlerischer
KinderKirchenFührer**

durch Kirchen in der Region Hannover

Inge-Rose Lippok Idee + Bilder
Ingrid Frank Text

Künstlerischer KINDER KIRCHEN FÜHRER

durch Kirchen in der Region Hannover

Unter kirchenpädagogischer Begleitung
von Marion Wrede

Herausgegeben vom
Evangelisch-lutherischen Sprengel Hannover

**Wir danken den folgenden Unternehmen und Institutionen
für ihre freundliche Unterstützung:**

Evangelisch-lutherische Landeskirche Hannovers
Sprengel Hannover der Evangelisch-lutherischen Landeskirche Hannovers
Katholische Kirche in der Region Hannover
Region Hannover
Sparkasse Hannover
VGH Versicherungen
Stiftung Edelhof Ricklingen

Systemvorraussetzungen für die CD-ROM

Windows: WIN 98/00/ME/XP/Vista, ab Pentium II 266MHz, Soundkarte,
CD-ROM Laufwerk, 32 MB RAM
Mac OS X: ab System 10.1, mind. Power Mac G3, 128 MB RAM

Bibliografische Information Der Deutschen Nationalbibliothek

Die Deutsche Nationalbibliothek verzeichnet diese Publikation in der Deutschen Nationalbibliografie;
detaillierte bibliografische Daten sind im Internet über http://www.d-nb.de abrufbar.

© Lutherisches Verlagshaus GmbH, Hannover 2007
www.lvh.de
Alle Rechte vorbehalten
Fotos: Inge-Rose Lippok, Hannover
Umschlaggestaltung und Satz: Andreas Klein, Stilfrei Grafikatelier, Hannover
Typografie: Minion und Quay Sans
CD-ROM: Sandro Siebke, flamemedia, Berlin
Druck- und Bindearbeiten: MHD Druck- und Service GmbH, Hermannsburg
ISBN 978-3-7859-0968-3

Printed in Germany

Geleitwort

Pinsel und Tusche, Malblock und Buntstift: Die Fachleute für dieses Buch sind Kinder aus Kindergärten und einer Grundschule. Sie sind auf Entdeckungsreise in evangelische und katholische Kirchen gegangen. Sie haben Bilder gemalt, die die Grundlage für dieses Buch sind.

Der bunt geschmückte Altar, der Kronenleuchter, ein Engel, der über allem schwebt: Die Kinder suchten sich selbst die Orte, Gegenstände und Themen, die ihnen wichtig sind. Es entstanden filigran gezeichnete Bilder, wie die feinen Oberflächen der Schnitzereien, auch bunte und lebendige, wie die sonnendurchfluteten Kirchenfenster, dunkle oder helle Zeichnungen – ganz wie die Kinder die Kirchen erlebten.

Die Herangehensweise ist die der Kirchenpädagogik. Sie nimmt die Kirchenbesucherinnen und Kirchenbesucher mit in den Blick, die – ob jung oder alt – mit ihren persönlichen Erfahrungen und Sichtweisen die Kirchen wahrnehmen. Kirchenpädagogin Marion Wrede hat die Entstehung dieses Buches fachlich begleitet.

Kreativ und ideenreich leitete die Künstlerin Inge-Rose Lippok das Kinder-Kirche-Kunst-Projekt und schuf aus den Werken der Kinder und eigenen Bildelementen Farb-Foto-Collagen. Aus ihnen und den kindgerechten Texten von Ingrid Frank entstand ein Buch von Kindern für Kinder. Sandro Siebke hat es ergänzt durch eine CD-ROM, die die Kinder, geleitet von der Kirchen-Eule, aktiv mit auf den Weg nimmt.

Jüngste Künstler geben ihre Bilder weiter an die, die dieses Buch in den Händen halten. Dazu ist es da: dass Kinder sich auf die Suche machen, Orte wieder entdecken, ihre eigenen Fragen stellen und Lust bekommen, selbst auf Entdeckungsreisen zu gehen. So können sie auf ihre Weise Kirchen erleben, in denen Menschen aller Generationen Gott loben und Christus bekennen, der gesagt hat: „Lasst die Kinder zu mir kommen!"

Ich danke den Kindern für ihre Entdeckerfreude und Kreativität, der Künstlerin Inge-Rose Lippok für ihre Idee, allen Beteiligten für ihre Phantasie und Beharrlichkeit, den Sponsoren für ihre Bereitschaft, sich auf ganz Neues einzulassen, und dem Verlag für seine freundliche Begleitung und Geduld.

Hannover, im September 2007

Dr. Ingrid Spieckermann
Landessuperintendentin für den Sprengel Hannover
der Ev.-luth. Landeskirche Hannovers

Wir sind Kinder der evangelisch-lutherischen Kindertagesstätte der Bethlehemkirche Hannover

Bethlehemkirche Hannover

Bethlehemplatz 1
30451 Hannover

- 1906 in *neuromanischem* Stil gebaut
- Imposante Dreiturmfassade (Mittelturm, 71 m hoch, mit einem Bethlehem-Stern bekrönt, der in der Weihnachtszeit von innen beleuchtet wird
- Monumentales Portal: Mosaik auf Goldgrund zur Geburt Christi
- Innen: zweijochige, gewölbte Emporenbasilika; bogenförmiger Altaraufsatz; Radleuchter symbolisiert das himmlische Jerusalem (Offenbarung 21)
- seit 1998 Kletterraum im Turm, seit 2001 auch Außenseite als 25 m hohe Kletterwand zu nutzen

Die ① **Fenster-Rosette** im *Altar*raum sieht wie eine große Blume aus. In der Mitte der Rosette sitzt Jesus. Um ihn herum sieht man die vier Evangelisten.
Jesus hält ein Buch in der Hand. Darauf stehen zwei Buchstaben, der Anfang und das Ende des griechischen Alphabetes: Alpha und Omega. Bei uns sind das A und Z. Jesus hält alles in seiner Hand: die Bibel, die Menschen, Anfang und Ende der Welt.

In der Bethlehemkirche hängt ein großer ② **Leuchter**. Sieben Kinder müssten sich an der Hand nehmen, um ihn zu umfassen. Der Leuchter sieht aus wie eine Stadtmauer mit Türmen, die leuchten: bunt, hell und schön. Als ob Gott selbst dort wohnt.

Der ③ **Altar** der Bethlehemkirche ist auch wie eine Stadt. Im Tor sitzt Jesus auf einem Thron. Vielleicht wartet er auf uns. Darüber siehst Du Jesus am *Kreuz*, wo er gestorben ist. Neben ihm stehen sein bester Freund Johannes und seine Mutter Maria. Sie trösten sich gegenseitig.
(vgl. Jesus und Maria und Johannes St. Petrikirche Burgwedel)

Wie heißt Deine beste Freundin oder Dein bester Freund? Was magst Du besonders an ihm oder an ihr?

In der Kirche sind viele schön verzierte ④ **Säulen**, sie tragen die Kirche. Säulen ragen in die Höhe. Sie sind eine Verbindung von Himmel und Erde, von Gott und Menschen. (Säulen vgl. Stiftskirche Wunstorf)

Wir sind Kinder der evangelisch-lutherischen Kindertagesstätte der St. Pankratiuskirche Burgdorf

St. Pankratiuskirche Burgdorf

Spittaplatz 1
31303 Burgdorf

- 1813 erbaut
- rechteckige *klassizistische* Kirche, dreischiffig
- Turmhöhe: 55 m, begehbare Aussichtsplattform in 30 m Höhe
- Tonnendecke mit Holzpfeilern im Erdgeschoss und Holzsäulen im Obergeschoss; umlaufende *Empore*
- hoch aufragende Kanzelwand zentral im Chorraum
- 1958 neu gestaltete Eingangshalle

Der ① **Taufstein** ist nachgemacht und sieht so aus, wie er einmal vor 800 Jahren war. Die eingemeißelten Bilder zeigen die Schöpfungsgeschichte.
Der Deckel vom *Taufstein* ist auch neu. Er ist mit Pflanzen und Fischen verziert.

Findest Du Adam und Eva oder die Schlange auf der Wand des Taufbeckens?

Im ② **Altarraum** steht eine Kanzelwand. Davor steht der *Altar*. „Die Blumen und die

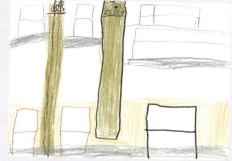

Kerzen stehen da, weil man sich bei Gott bedanken möchte. Und auch, um an die Toten und die Armen zu denken."

Die ③ **Orgel** hat ein kunstvoll geschnitztes Gehäuse. Sie hat einen sehr schönen Klang. Sie wird im Gottesdienst und zu vielen Konzerten gespielt.
(Orgel vgl. Neustädter Hof- und Stadtkirche, St. Clemens-Kirche Hannover)

Auf dem ④ **Grabstein** in der Turmhalle steht, dass der Töpfer Hinrich Fasser 1703 gestorben ist. Auf dem Stein sieht man seine traurige Familie. Aber auf dem Grabstein sind auch Blumen, Früchte, Muscheln und Engel. Sie trösten die Trauernden.
(Grabsteine vgl. St. Osdag-Kirche Mandelsloh; Neustädter Hof- und Stadtkirche Hannover)

Wir sind Kinder der evangelisch-lutherischen Kindertagesstätte der St. Petrikirche Burgwedel

St. Petrikirche Burgwedel

Im Mitteldorf 1
30938 Burgwedel

- ältester Teil der Kirche um 1200 entstanden
- aus dieser Zeit noch erhaltenes *Taufbecken* mit *romanischen* Blattornamenten
- *gotischer* Umbau der Kirche gegen Ende des 14. Jahrhunderts
- mittelalterliche Deckenmalereien (Anfang 15. Jahrhundert) wurden Anfang des 17. Jahrhunderts weiß überstrichen und 1968 bzw. 1994 wieder entdeckt und freigelegt
- 61 m hoher wehrhafter Kirchturm
- Gemäuer aus Raseneisenstein (vgl. Elisabethkirche Langenhagen)

Das sind ① **Jesus und Maria und Johannes**: „*Johannes sieht hier aus wie eine Frau.*" Johannes, der bei Jesus unterm *Kreuz* steht, ist sein Jünger. Manche sagen, er war sein bester Freund. Jesus hat ihn getröstet und gesagt, dass Maria jetzt seine Mutter ist. „*Maria ist traurig, weil Jesus gestorben ist; er war ja ihr Kind.*"

Jesus hat seine Mutter auch getröstet und ihr gesagt, dass jetzt Johannes ihr Sohn ist.
(vgl. Altar Bethlehemkirche Hannover)

„*Die Kirche ist schön mit Blumen ausgemalt.*"
„*Mir gefallen die Fensterscheiben in dieser Kirche.*"

Ein 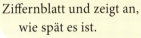 **Fenster** erzählt Geschichten von Petrus. „*Man sieht Männer, die fangen Fische. Das sind Fischer. Das sind die Jünger Jesu.*" Petrus war auch ein Fischer.

Weißt Du noch mehr von Petrus?
(zu Petrus vgl. Klosterkirche Wennigsen)

Außen an der Kirche ist eine  **Sonnenuhr**. Je nachdem, wo die Sonne gerade steht, wirft der Zeiger Schatten auf das Ziffernblatt und zeigt an, wie spät es ist.

**Kennst Du schon die Uhr?
Was ist heute bei der Uhr anders?**

Wir sind Kinder der ersten Klasse der katholischen Eichendorffschule Hannover

Basilika St. Clemens Hannover

Goethestraße 33
30169 Hannover

- erste katholische Kirche (erbaut 1712–1718) in Hannover nach der Reformation
- Bau ausnahmsweise nach Westen ausgerichtet – der Stadt zugewandt
- 1943 völlige Zerstörung
- Wiederaufbau 1946 nach den ursprünglichen Plänen des italienischen Architekten Giusti mit der von ihm geplanten Kuppel
- Nischen im *Kirchenschiff* mit zehn 2,70 m hohen Apostelfiguren (Heinrich Gerhard Bücker)

Die ❶ **Kuppel** der Kirche ist besonders groß und weit – viele Kirchen in Italien sind so gebaut.
„Die Kirche hat so eine Kuppel, denn wenn sie ganz flach wäre, wäre sie ja ein ganz normales Haus. Oben wohnt nämlich Gott."

Die ❷ **Orgel** steht ganz in der Mitte im *Altarraum*: „Die Orgel braucht man; es wäre ja blöd, wenn die Leute nur in den Bänken sitzen würden und es gäbe keine Musik."
(Orgel vgl. St. Pankratiuskirche Burgdorf; Neustädter Hof- und Stadtkirche Hannover)

Links vom *Altar* steht ❸ **Clemens**, Bischof von Rom, der viele Menschen

überzeugte, Christen zu werden. Nach ihm ist die Kirche benannt.

Rechts steht ④ **Johannes Nepomuk**, ein Priester, der sich wegen seines Glaubens sogar mit dem König stritt.

Die Clemenskirche hat eine *Krypta*, eine Kapelle unter der Kirche. Früher wurden dort Gemeindemitglieder beerdigt.
Heute werden dort auch Gottesdienste gefeiert.

Wir sind Hortkinder der evangelisch-lutherischen Kindertagesstätte der Elisabethkirche Langenhagen

Elisabethkirche Langenhagen

Kirchplatz 7
30853 Langenhagen

- 1546 als selbstständige Pfarre durch Schenkung der Herzogin Elisabeth von Calenberg eingerichtet
- 25 m hoher Kirchturm aus Raseneisenstein, 14. Jahrhundert
- 1867 Neubau der Kirche durch Baumeister Hase
- Fenster von Prof. Schreiter 1994
- *neugotischer* Backstein*altar*: *Kreuz*darstellung, geschlossene *Altar*wand mit Figuren aus dem Alten Testament
- *Taufstein* von 1630: drei geflügelte Putten tragen das sechseckige Taufbecken

Wenn Du an den Steinen des Turmes reibst, werden Deine Finger braun und riechen nach Eisen. Der älteste Teil der Kirche ist nämlich aus einem besonderen Stein gebaut, er heißt ❶ **Raseneisenstein**. (vgl. auch St. Petrikirche Burgwedel)

In den ❷ **Fenstern** siehst Du keine Bildergeschichten, sondern Farben, Formen und Linien, wie Bänder. Der Künstler erzählt auf seine Weise, was er über das Leben, die Menschen, die Bibel und Gott mitteilen will.

Schau Dir die Fenster einmal genau an. Was fällt Dir dazu ein? Wenn Du magst, male ein eigenes Fenster!

Rings um den Kirchenraum führt ein Gang mit vielen Säulen und spitzen ❸ **Bögen**. Alles ist aus ❹ **schwarzbraunen glasierten Backsteinen**. Das sieht sehr schön aus.

Wenn Du die Kirche einmal besuchst, siehst Du an manchen Säulen Gesichter: „*Das sind liebe Gesichter, unten am Taufbecken sind böse Gesichter.*"

Auch der ❺ **Altar** und die *Kanzel* sind aus Backstein. Sogar die Figuren in dem *Altarbild* sind aus Ton gebrannt. Neben Jesus am *Kreuz* stehen auf jeder

Seite zwei Männer: Abel und Isaak auf der einen und Aaron und Melchisedek auf der anderen Seite. Von ihnen wird im Alten Testament erzählt.

Wir sind Kinder der evangelisch-lutherischen Kindertagesstätte der Gartenkirche St. Marien Hannover

Gartenkirche St. Marien Hannover

Marienstr. 31
30171 Hannover

- *barock*, 1749 als „Neue Kirche vor Hannover" für die sogenannten „Gartenleute" erbaut, die das Land vor der Stadt bearbeitet haben
- Chorfenster mit Darstellungen biblischer Geschichten
- Chorgewölbe blau ausgemalt; Schlussstein als Engelskopf, von goldenem Strahlenkranz umgeben
- *Taufstein* auf vier roten Marmorsäulen mit dämonenartigen Figurenkapitellen
- *Kanzel* auf sieben Granitsäulen
- Statuen der vier Evangelisten am Kanzelkorb

„In der Kirche betet man. Oder man singt." Damit alle wissen, welche Lieder aus dem Gesangbuch im Gottesdienst gesungen werden, gibt es die ❶ **Liedtafel**. Auf ihr werden die Nummern der Lieder angezeigt.
(Gesangbücher vgl. St. Osdag-Kirche Mandelsloh)

Auf dem Boden liegen farbige ❷ **Steinfliesen**. Sie haben wunderschöne Muster, wie Mandalas.
(Mandalaornamente vgl. Stiftskirche Wunstorf)

„Jesus am Kreuz hat eine Dornenkrone. Die sieht man auch auf dem ❸ **Tuch auf dem Altar**." Das Tuch ist ein *Parament*.

Schau einmal in der Kirche, die Du kennst, welche Farbe die Paramente gerade haben.

Außen am Kirchturm ist eine ④ **Monduhr**: eine Kugel, die halb golden, halb blau angemalt ist. „Die Monduhr heißt Monduhr, weil sie sich verändert: wie der Mond."

Wenn die Kugel ganz golden ist, ist Vollmond; wenn sie ganz blau ist, Neumond, der Mond ist scheinbar nicht zu sehen. Um die Kugel herum siehst Du die Sternkreiszeichen.

Wir sind Kinder der evangelisch-lutherischen Kindertagesstätte der Herrenhäuser Kirche Hannover

Herrenhäuser Kirche Hannover

Hegebläch 18
30419 Herrenhausen

- 1906 eingeweiht
- 1984–1994 im Zuge der Renovierung Wiederherstellung der alten *Jugendstil*-Ausmalung
- hohe, weite Kuppel
- Radleuchter mit dem Motiv des himmlischen Jerusalem (vgl. Bethlehemkirche)
- sechs herabschwebende Engel weisen auf sechs Stellen hin, in denen in den Evangelien Engel als Boten Gottes erscheinen
- Stern im Schlussstein des Altargewölbes: Stern von Bethlehem

Die Kirche ist überall an den ❶ **Wänden** bemalt: mit Pflanzen und schönen Mustern. Den Eingang des *Altarraums* schmückt eine gemalte Girlande mit Früchten: „*Hier ist alles so schön, deshalb bin ich gerne hier.*"

Der dunkelrote ❷ **Vorhang** im *Altarraum* ist gemalt. Purpur ist die Farbe für Vorhänge von Königen. Hier ist der Vorhang offen, und es sind Punkte darauf zu sehen: „*Die Punkte sind wie ein Kreuz, wegen Jesus, der ans Kreuz genagelt wurde.*"

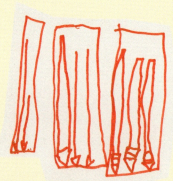

„In meinem Zimmer der Vorhang ist weiß …", „… Bei mir sind viele Farben drauf …"

Und in Deinem Zimmer?

Auf dem großen Fenster hinter dem *Altar* „da sind Menschen und essen, zwei Männer und Jesus". Es sind zwei Freunde von Jesus aus dem Dorf Emmaus.

Lass Dir die Geschichte von den Emmaus-Jüngern vorlesen!
(Lukasevangelium 24,13–35)

In dem ❸ **runden Fenster** „das könnte ein Papagei sein." – „Nein, es ist eine Taube, das kann man am Schwanz erkennen und an den Flügeln." Die Taube erinnert an Noah in der Arche, an die Taufe Jesu im Jordan. Und sie ist ein Bild für den Heiligen Geist.

Wir sind Kinder der kommunalen Kindertagesstätte Idensen

Sigwardkirche Idensen

Brinkstr. 2
31515 Wunstorf-Idensen

- 1129–1134 als Hofkapelle bzw. Eigenkirche und Grablege des Bischofs Sigward v. Minden (1120–1140) erbaut
- einschiffige Kreuzkirche im rein *romanischen* Stil mit auffallend schlanken Säulen
- im Obergeschoss des Turmes befindet sich eine Privatkapelle des Bauherrn
- durchgängige Ausgestaltung mit Wandmalereien und Einzelornamenten (Deckengemälde aus dem biblischen Bereich; Christusbild über dem Hauptaltar)
- um 1500 wurden Malereien mit Kalk übertüncht; Ende des 19. Jahrhunderts wiederentdeckt

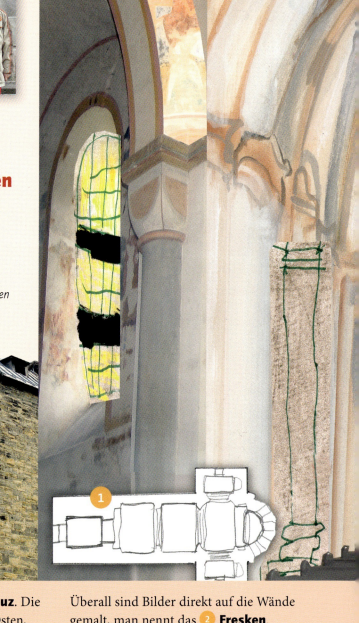

Die ❶ **Form der Kirche ist ein Kreuz**. Die lange Seite reicht von Westen nach Osten, wo der *Altar* ist. Da geht die Sonne auf – die Kirche ist an dieser Seite halbrund.

Gehe um die Kirche, die Du kennst, einmal herum – welche Form hat sie? In welche Richtung zeigt der Altar?

Überall sind Bilder direkt auf die Wände gemalt, man nennt das ❷ **Fresken**. *„Die Bilder erzählen eine Geschichte."* Hier sieht man ein Schiff, in dem vier weiß gekleidete Gestalten sitzen. Andere knien vor einem

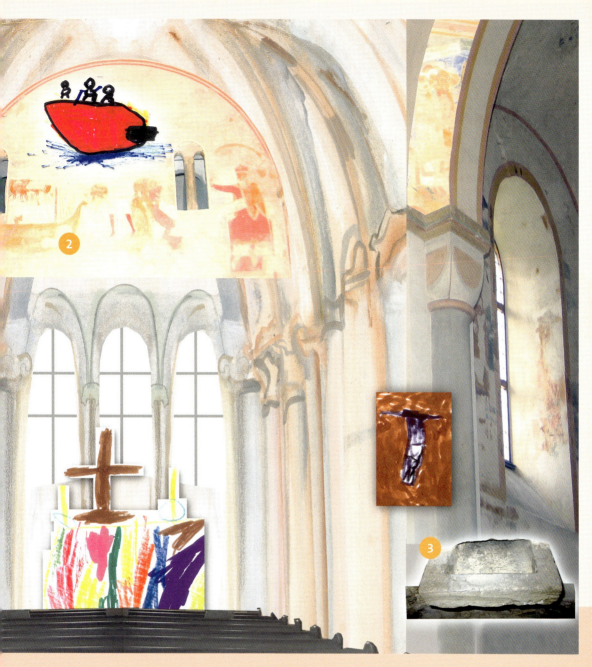

Mann im roten Gewand, wahrscheinlich einem König.

Was für eine Geschichte fällt Dir ein, wenn Du dieses Bild siehst?

„Das sieht aus wie ein Briefkasten." Ist es aber nicht! Durch diese Öffnung wurde früher Wasser, das man beim Gottesdienst benutzt hatte, zum Beispiel um den Kelch zu reinigen, direkt in die Erde ausgegossen.

Ein Ausgussbecken also. Man sagt lateinisch ③ **Piscina** dazu.

Wir sind Kinder der katholischen Kindertagesstätte der St. Josephskirche Hannover

St. Josephskirche Hannover

Isernhagener Str. 64
30163 Hannover

- 1911/12 erbaut
- dreischiffige Gewölbebasilika in *gotischer* Form
- Turmhöhe: 43 m
- besondere Prägung durch den Glasmalereizyklus des Künstlers Wilhelm Rengshausen:
  - Symbolfenster mit Bezug zum Taufsakrament in der Taufkapelle links vom Eingang
  - Darstellungen von Heiligen an den beiden Seitenschiffen der Kirche (rechts männliche Heilige/ links weibliche Heilige)
  - alttestamentliche Hinweise auf die Opfertat Christi in der *Apsis*

Sieht der ① **Wetterhahn** auf dem Turm nicht lustig aus? Als ob er läuft und gleich krähen will!

Hier siehst Du ② **Joseph**, nach ihm ist die Kirche benannt. Er lebte zusammen mit seiner Frau Maria und seinem Sohn Jesus in Nazareth. Hier trägt er Jesus auf dem Arm.

Das Bild auf dem ③ **Altar** hat vier Flügel: Geschichten aus Jesu Leben sind wie in einem Bilderbuch abgebildet.
(Flügelaltar vgl. Marktkirche Hannover)

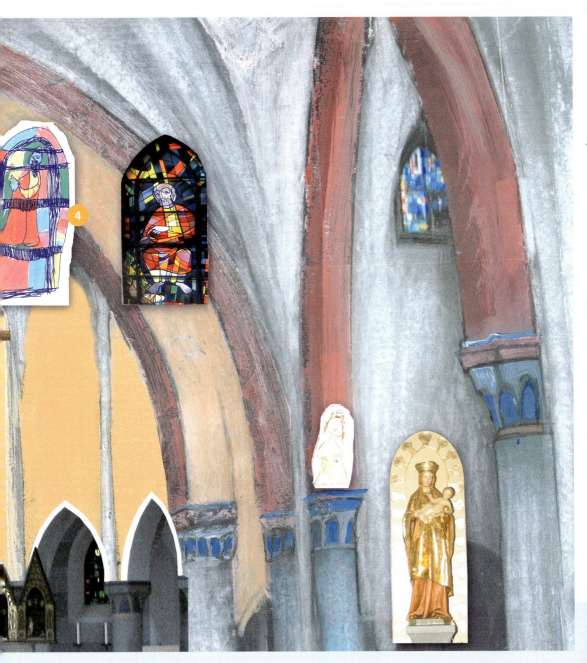

Hier sieht Maria wie eine Königin aus. Viele stellen Kerzen auf. Sie möchten wie Maria vertrauen, glauben und beschützt sein. Sie denken an alle, die sie liebhaben.

Gibt es in Deiner Kirche auch einen Ort, wo Du eine Kerze anzünden kannst?

Wie auf den Altarflügeln siehst Du auch auf den Fenstern Geschichten der Bibel. Die vier ❹ **Glasfenster** zeigen vier Geschichten aus dem Alten Testament. Sie erzählen Geschichten über das, was Menschen mit Gott erlebt haben, bevor Jesus geboren wurde.

Wir sind Kinder der katholischen Kindertagesstätte der St. Maximilian Kolbe-Kirche Hannover

St. Maximilian Kolbe Hannover

Mühlenberger Markt 5
30457 Hannover

- 1982 fertiggestellter Backsteinbau: Ökumenisches Kirchenzentrum für die evangelisch-lutherische Bonhoeffer- und die katholische St. Maximilian Kolbe-Kirchengemeinde
- beide Kirchen sind nach Christen benannt, die in Konzentrationslagern ermordet wurden. Sie nehmen darauf Bezug, dass Mühlenberg auf dem Gelände eines Arbeitslagers und KZ-Außenlagers entstand. Seine Insassen mussten für die Hanomag arbeiten
- vor dem Zentrum 27 m hoher Turm aus Stahl und Glas: ehemaliges *Kreuz* des Christus-Pavillons der EXPO 2000 (Architekt Gerkan)

„Kerzen zündet man an, wenn Geburtstag ist" oder ein anderes Fest. „In der Kirche singt man Gottesslieder." Ein Gottesdienst ist nämlich ein Fest. In einer katholischen Kirche läuten die Messdiener während des Gottesdienstes in besonders wichtigen Momenten die ① **Altarglocken**.

Den ② **Kreuzweg an der Wand** „*hat einer dahin gemalt, damit wir wissen, dass Jesus gestorben ist.*" „*Jesus hat anderen geholfen, deshalb wurde er ans Kreuz gebracht und mit Nägeln dran geschlagen.*" „*Der wollte nicht, dass die anderen sterben, deshalb hat er sich selbst geopfert.*" – Auch Maximilian Kolbe hat sich geopfert, deshalb sind Bilder aus

seinem Leben mit in das Kreuzwegsbild hineingemalt: wie zwei Geschichten, die sich berühren.

Das ist ❸ **Maximilian Kolbe**; er hat sich für einen anderen Mann austauschen lassen, der im Krieg zu Unrecht schwer bestraft werden sollte. Weil der Mann aber Kinder und eine Frau hatte, hat Maximilian Kolbe für ihn die Strafe übernommen. „… *Maximilian heiße ich auch und so heißt auch unser Kindergarten …*"

Wir sind Kinder der evangelisch-lutherischen Kindertagesstätte der St. Johannes-Kirche Kronsberg

Evangelisches Kirchenzentrum Kronsberg

Sticksfeld 6/Thie 8
30539 Hannover

- zur EXPO als Teil des Gesamtprojekts Kronsberg gebaut, im Oktober 2000 eingeweiht
- Eindruck eines Klosters, in dem Wohnen und geistliches Leben zusammengehören
- Glockenturm mit *Glocken* der früheren Hainholzer Ansgarkirche
- wechselnde Atmosphäre durch Glasfenster (Jochem Poensgen)
- besonders gestalteter Innenhof („Paradies") mit einem von Ulrich Rückriem bearbeiteten Granitstein

Das hier ist ein ganz besonderer ❶ **Altar**. Auf der einen Seite hängt die Tischplatte in der Luft. Auf der anderen Seite ist eine Vertiefung eingelassen, wie eine Schüssel – ein *Taufbecken* im *Altar*.

Die ❷ **Osterkerze** steht auf einem Stein vom Ufer des Sees Genezareth in Israel. Dort war Jesus sehr oft mit seinen Jüngern. Einige von ihnen waren Fischer.
(Motiv Jünger als Fischer vgl. St. Petrikirche Burgwedel)

Habt Ihr auch Dinge, die Ihr von einem schönen Ort mitgebracht habt und die nun einen ganz besonderen Platz bei Euch haben?

Das Licht ist schön. Die Wand über dem *Altar* wird ganz bunt, wenn die Sonne scheint. Das kommt durch die ❸ **Fenster** der Seitenwände, die blau mit gelb, rot und schwarz gesprengselt sind, und ein verborgenes Fenster. Blau ist wie Wasser und Himmel, es ist

auch die Farbe für die Wahrheit und für Gott. Gelb erinnert an die Sonne und das Licht. Rot ist die Farbe für Feuer und Liebe.
(Fenster vgl. Elisabethkirche Langenhagen)

Welche Farben magst Du?
Was bedeuten sie für Dich?
Findest Du das verborgene Fenster in der Kirche?

26/27

Wir sind Kinder aus der Hortgruppe der evangelisch-lutherischen Kindertagesstätte Sonnenblume der St. Osdag-Kirche Mandelsloh

St. Osdag-Kirche Mandelsloh

St. Osdagstr. 23
31535 Neustadt – OT Mandelsloh

- dreischiffige *romanische* Basilika
- ehemalige Stiftskirche
- gilt als erster monumentaler Backsteinbau Nordwestdeutschlands
- Westturm 36 m hoch
- mittelalterliche Wandmalereien im *Altar*raum und Chorhaus
- Osdag, burgundischer Herzog, soll der Legende nach in einer Schlacht gegen die Normannen den Märtyrertod erlitten haben. Seine Schwester habe ihn in Mandelsloh in einer eigens dafür gebauten Kirche bestattet.

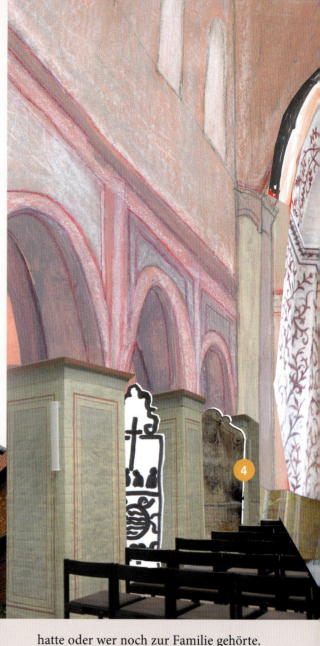

„Hier waren Künstler und haben alles verziert." Der *Altar*raum ist überall bemalt. „An der Wand rechts, das sind Jesusmänner" (die 12 Apostel). Du siehst hier ❶ **Gottvater** auf einem Thron. Er hält den ❷ **gekreuzigten Jesus** vor sich. Zwischen den beiden ist eine ❸ **Taube**, ein Bild für den Heiligen Geist.

An der Wand siehst Du viele alte ❹ **Grabsteine**. Man kann darauf noch lesen, welcher Mensch beerdigt wurde, welchen Beruf er hatte oder wer noch zur Familie gehörte. Manchmal ist auch etwas abgebildet. Dann kann man zum Beispiel sehen, wie die Leute sich angezogen haben.

Ist in Deiner Familie auch schon jemand gestorben? Was weißt Du über diesen Menschen?

(Grabsteine vgl. St. Pankratiuskirche Burgdorf; Osterwalder Kirche)

Der kleine Grabstein erinnert an ein Kind. Manchmal sterben auch Kinder, z.B. weil sie krank waren oder einen Unfall hatten. Die Grabplatte ist ungefähr 250 Jahre alt. Darauf steht der Name eines Mädchens, Maria Levisa Brünings. Sie war 2 Jahre, 11 Monate und 3 Tage alt.

„In der Kirche gibt es auch viele ❺ **Gesangbücher**, in der Kirche singt man ja Lieder von Gott; und weil da viele Leute sind, braucht man viele Bücher." Manche Lieder sind schon viele hundert Jahre alt.
(Liedtafel – vgl. Gartenkirche St. Marien Hannover)

Kennst Du ein Kirchenlied – welches?

Wir sind Kinder der evangelisch-lutherischen Kindertagesstätte der Marktkirche St. Georgii et Jacobi Hannover

Marktkirche St. Georgii et Jacobi Hannover

Am Markt 17
30159 Hannover

- zwischen 1320 und 1406 errichtet (norddeutsche Backstein-Gotik)
- Wahrzeichen Hannovers, Predigtkirche der Landesbischöfin
- 98 m hoher Turm, Stirnfläche im Osten mit Pentagramm (Fünfeck) als Zeichen für die fünf Wundmale Christi
- Doppeltür im Haupteingang mit Bilderzyklus „Eintracht und Zwietracht" (Gerhard Marcks 1952)
- mittelalterlicher Sakramentsaltar (1480) mit Darstellungen aus der Passionsgeschichte (vorne) und dem Leben der Hl. Georg und Jacobus (Rückseite) aus Lindenholz
- *Taufbecken* von 1500 mit 10 Figuren. U.a. Jakobus als Pilger mit Muschel am Hut

„Die Kirche ist schön, sie ist auch sehr groß." Sie besteht aus ❶ **drei Schiffen** und läuft nach oben spitz zu. Sie soll den Blick nach oben lenken. Es gibt keine Bilder und keine Verzierungen. Alles „*ist aus Stein – es ist eine schöne Farbe:* schwarz und braun und rot – ich sehe auch Silber".

Während die Marktkirche gebaut wurde, wurden ungefähr 3,2 Millionen ❷ **Steine** überall in der Stadt zum Trocknen ausgelegt: „Backsteine heißen die, weil die so ähnlich wie gebacken werden: Bevor sie ganz trocken sind, können Abdrücke darauf entstehen, hier siehst Du eine Hundetatze."
(Backsteine vgl. Elisabethkirche Langenhagen)

Das ist ein ③ **Flügelaltar** – „*der sieht aus wie ein Bilderbuch.*" „*Ich sehe Jesus auf einem Esel – einer legt Kleider davor. Vielleicht einen Pullover oder ein T-Shirt, vielleicht doch eher einen Mantel.*" Jesus wird mit einem roten Teppich empfangen wie ein König. Wenn Du die Marktkirche besuchst, wirst Du viele Geschichten auf dem *Flügelaltar* entdecken.
(Flügelaltar vgl. St. Josephskirche Hannover)

Kennst Du Geschichten von Jesus? Male Bilder Deiner Jesus-Geschichten.

Wir sind Kinder der evangelisch-lutherischen Kindertagesstätte der Neustädter Hof- und Stadtkirche St. Johannis Hannover

Neustädter Hof- und Stadtkirche St. Johannis Hannover

Rote Reihe 8
30169 Hannover

- Vorgängerkirche 1382 vom Lehnsmann Cord von Alten gestiftet
- seit 1533 lutherische Marienkirche
- 1666–1670 Neubau als Kirche für Hofbeamte und Gemeinde
- bis ins 18. Jh. Begräbnisstätte von Angehörigen des hannoverschen Hofs, darunter Gottfried Wilhelm Leibniz
- bis 1936 Kirche des Generalsuperintendenten, heute Predigtkirche der Landessuperintendentin
- schwere Zerstörung im Zweiten Weltkrieg, Wiederaufbau 1956–1958, heute innen moderne Kirche mit *barocken* höfischen Elementen

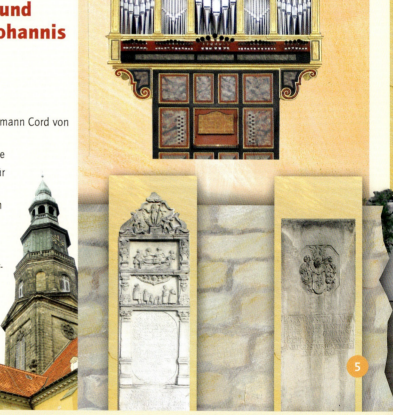

Auf der *Empore* steht eine ganz besondere ❶ **Orgel**. Sie ist bunt verziert, und die Orgelpfeifen ragen in den Raum hinein. Sie ist so gebaut, wie früher in Spanien *Orgeln* gebaut wurden, deshalb heißt sie „Spanische Orgel".
(Orgel vgl. Kirche St. Pankratiuskirche Burgdorf; St. Clemenskirche Hannover)

Im *Altarraum* stehen viele ❷ **Figuren**. Die vier unteren tragen einen Kelch für den **Glauben**, einen Anker für die **Hoffnung**, ein Herz für die **Liebe** und ein Buch für die **Weisheit**.

Hast Du auch besondere Zeichen wie zum Beispiel einen Anhänger oder ein Bild oder eine Figur? Was bedeuten sie für Dich?

Das große grüne ❸ **Bild** in der Mitte zeigt Jesus am *Kreuz* mit offenen Armen.

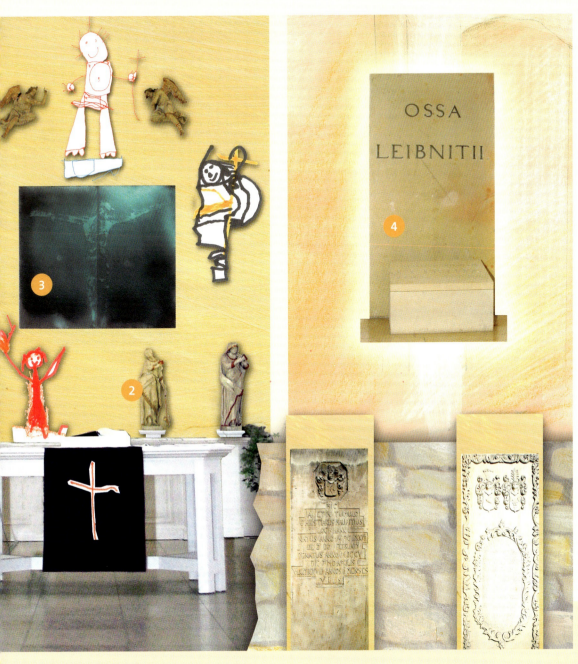

Rechts neben dem *Altarraum* steht die ④ **Grabplatte** des berühmten Gelehrten Gottfried Wilhelm Leibniz. Darauf steht „OSSA LEIBNITII". Das ist lateinisch und heißt: „Die Gebeine von Leibniz".

Lass Dir erzählen, welche Dinge Leibniz erfunden hat und warum er berühmt ist!

An den Außenmauern siehst Du die ⑤ **Grabsteine** wichtiger Bürger und Prediger. Sie sollen nicht vergessen werden.

Wir sind Hortkinder der evangelisch-lutherischen Kindertagesstätte der Osterwalder Kirche

Osterwalder Kirche

Hauptstraße 234
30826 Garbsen-Osterwald

- 1385 erste Erwähnung der mittelalterlichen Backsteinkirche
- 17 m hoher Dachreiter mit achteckigem Turmaufsatz
- außen Barsinghausener Sandstein, rote Fenster- und Türeinfassungen
- Innenraum von Gewölbetonne überdeckt
- *Kanzelaltar* mit Trinitätssymbol und Engeln
- hufeisenförmige *Empore*
- *Opferstock* aus Eichenholz von 1671
- *Taufstein* von 1654

Diesen Stein – einen ❶ **Sühnestein** – haben die Osterwalder in die Kirche geholt. Er ist oben rund und wurde vor ungefähr 600 Jahren für jemanden hergestellt, der etwas Böses getan hatte; seine Familie wollte ihn wieder mit Gott versöhnen.
(Grabsteine vgl. St. Pankratiuskirche Burgdorf; St. Osdag-Kirche Mandelsloh)

Die Kirche hat einen hohen ❷ **Kanzelaltar**. Ganz oben siehst Du ein Auge in einem ❸ **Dreieck** mit Strahlen darum herum. Es ist ein Zeichen für Gott, der auf uns Acht hat. An der Seite sind zwei Engel. Sie halten einen Teller und einen Kelch, ein Zeichen für das Abendmahl.

Der *Altar* ist außerdem mit ④ **Muscheln** geschmückt, in der Mitte ist eine ganz große. In Muscheln kann man das Meer rauschen hören. Sie sind ein bisschen geheimnisvoll. Muscheln sind schon sehr lange ein Zeichen für unseren Glauben.

Hast Du Muscheln vom Urlaub am Meer? Schau sie Dir einmal ganz aufmerksam an!

Der ⑤ **Opferstock** der Kirche in Osterwald ist sehr alt und wertvoll, er war vorher ein Grabstein. Auch früher schon haben die Leute in der Kirche Geld für arme und kranke Menschen gesammelt.

Vielleicht habt Ihr auch im Kindergarten, in der Schule oder auch in der Kirche schon einmal Geld gesammelt – weißt Du wofür?
(vgl. Klingelbeutel St. Lucaskirche Pattensen)

Wir sind Kinder der evangelisch-lutherischen Kindertagesstätte der St. Lucaskirche Pattensen

St. Lucaskirche Pattensen

Corvinusplatz 2
30982 Pattensen

- 1150–1170 Bau einer dreischiffigen *romanischen* Basilika
- schon früh kirchliches Zentrum (Archidiakonat)
- um 1400 Umbau zur *gotischen* Hallenkirche
- Sonnenuhr (ca. 1400) zeigt kirchliche Gebetszeiten an
- nach der Reformation Landessuperintendentur (Corvinus): von hier Ausgang der Reformation im Calenberger Land
- 1801–1806 Auflösung der drei Schiffe zugunsten eines großen quadratischen Saales; halbkreisförmig ansteigende Anordnung der Bänke

„Die ❶ **Bänke** hier sehen aus wie im Zirkus oder im Theater, wenn da zum Beispiel eine Frau singt" – oder wie in einem Hörsaal. Alle Leute schauen in die Mitte, dort ist alles Wichtige: *Altar, Kanzel* und *Taufstein*.

Kennst Du Räume, wo die Sitze so angeordnet sind wie in dieser Kirche?

„Kirchen braucht man für Gottesdienst, zum Heiraten und wenn einer gestorben ist."
„Man denkt an Gott und den Himmel, wo alles schön ist. Deshalb sind auch überall ❷ **goldene Verzierungen**."
(Goldverzierung vgl. Kirche Schloss Ricklingen)

❸ **Zwei Säulen** in dieser Kirche sind schon über 800 Jahre alt, aus der Zeit,

in der die Kirche gebaut wurde. Bis heute wurde sie mehrmals umgebaut und verändert.
(Säulen vgl. Bethlehemkirche Hannover)

Welche Gebäude kennst Du, die Spuren von früher tragen?

In jedem Gottesdienst wird „*Geld für die Armen gesammelt*". Dafür gibt es Körbe oder, wie hier, Säckchen, in denen das Geld eingesammelt wird. Man nennt die Säckchen ④ **Klingelbeutel**.
(vgl. Opferstock – Osterwalder Kirche)

Wir sind Kinder der evangelisch-lutherischen Kindertagesstätte der Kirche Schloss Ricklingen

Kirche Schloss Ricklingen

Voigtstr. 3
30826 Garbsen/Schloss Ricklingen

- 1694 erbaut, „schönste *Barock*kirche Norddeutschlands"
- dreischiffige Gewölbebasilika
- italienisch beeinflusste *barocke* Ausgestaltung des Innenraums
- 1959–1962 Grundrestaurierung der Kirche
- besondere Prägung durch die *barocken* Deckengemälde zur biblischen Geschichte und den *barocken* Kanzelaltar mit *Orgel*

„Alles ist mit Blattgold überzogen", auch „da, wo die Engel sind, ist es golden".
Es gibt hier viel ❶ **Gold**. Alles ist in unterschiedlichen Formen verziert.

**Welche Dinge kennst Du, die golden sind?
Wann malst Du etwas golden an?**

Im *Altarraum* gibt es noch besondere Sitze, sie heißen ❷ **Priechen**. Sie sind mit ganz viel ❸ **Obst und Gemüse** geschmückt, zum Beispiel mit Pflaumen, Birnen, Mais, Äpfeln, Weintrauben, Ananas und sogar Erbsen.

An die Decke sind Bilder gemalt. Auf einem ④ **Deckengemälde** siehst Du die **Kreuzigung**: Jesus in der Mitte und noch zwei Männer neben ihm. Zu ihren *Kreuzen* führen Leitern.

Im Vorraum der Kirche steht ein aufgestellter Sarg, ein ⑤ **Sarkophag**. Darauf ist ein Totenkopf, der erinnert daran, dass alle einmal sterben.

Auf dem Sarg steht der Name der Frau, die darin beerdigt wurde: Sie hieß Johanna. Bestimmt ist sie jetzt bei Gott!

Wir sind Kinder der evangelisch-lutherischen Kindertagesstätte der St. Andreaskirche Springe

St. Andreaskirche Springe

St.-Andreas-Str. 5
31832 Springe

- 1454 fertiggestellte dreischiffige *gotische* Kirche
- vergoldeter Flügelaltar auf einem Sandsteintisch: Darstellung der 12 Apostel mit den Marterwerkzeugen, durch die sie den Tod gefunden haben
- Vorderfront: Lamm Gottes mit Siegesfahne
- in der Seitenkapelle steht eine aus einer Mooreiche geschnitzte Figur: „der Auferstandene" oder „der Rufer" (Josef Hauke, 1984)

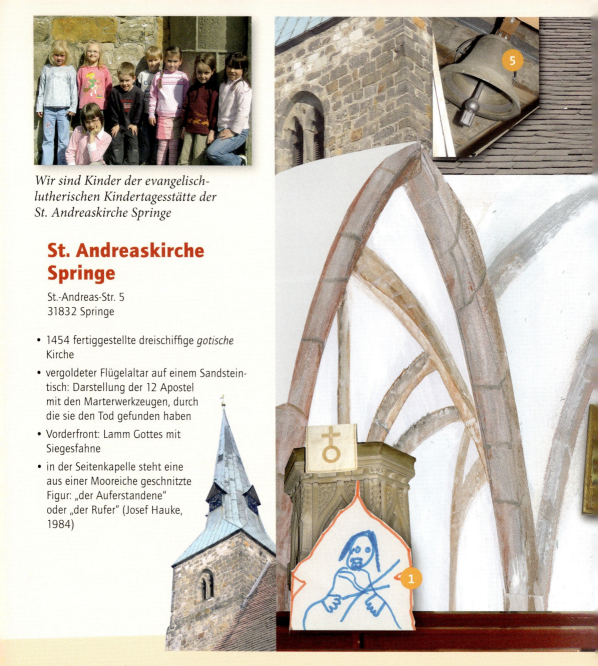

„Taras Papa heißt auch Andreas". Aber hier ist Andreas, der Bruder von Petrus gemeint. Einer der Freunde Jesu. Das *Kreuz* mit schrägen Balken heißt ❶ **Andreaskreuz**, weil Andreas an so einem *Kreuz* gestorben sein soll. „Das Zeichen gibt es auch als Verkehrszeichen, zum Beispiel vor dem Bahnübergang. Es bedeutet, dass man vorsichtig sein muss."

Auf den *Altar* ist vorne ein ❷ **Lamm** eingemeißelt. Um den Kopf hat es einen Heiligenschein. Das Lamm trägt eine Fahne. Es ist ein Bild für Jesus, der für uns gestorben und auferstanden ist.

„Jesus hat mit seinen Jüngern das Passahfest gefeiert. Da hat er gesagt, ‚dem ich das Brot gebe, der wird mich verraten'."

Als die Kirche einmal renoviert wurde, war auch König Georg V. von Hannover dabei. Er war blind. Deshalb wurde ein besonderes Schlüsselloch und ein großer ❸ **Schlüssel**

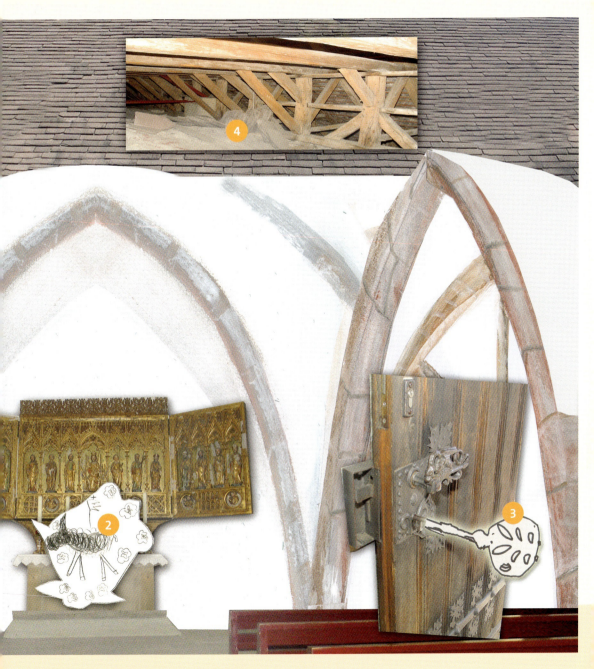

für die Eingangstür gemacht. Das konnte der König fühlen.

Versuche einmal „blind" einen Schlüssel in ein Schlüsselloch zu führen.

Über dem langen *Kirchenschiff* ist das Kirchendach. Innen wird es vom ④ **Dachstuhl** getragen. Im Turm sind drei ⑤ **Glocken**. Hier siehst Du eine davon.

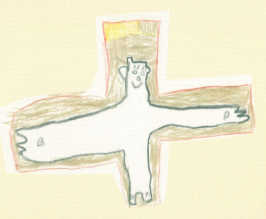

Wir sind Kinder der evangelisch-lutherischen Emmaus-Kindertagesstätte der Klosterkirche Wennigsen

Klosterkirche Wennigsen

Klosteramthof 5
30947 Wennigsen

- bereits im 13. Jahrhundert Ort eines Augustinerstiftes (älteste Urkunde: 1224)
- *romanischer* Wehrturm
- gehört zu den fünf sog. Calenberger Klöstern (Barsinghausen, Mariensee, Marienwerder, Wülfinghausen), die seit der Reformation durch Elisabeth von Calenberg evangelische Frauenklöster sind
- heute Frauenkonvent „Via Cordis": Haus der Stille und Begegnung

Das ist eine ❶ **Klosterkirche**. Früher lebten im Kloster katholische Männer oder Frauen, sie hießen Mönche oder Nonnen und trugen besondere Kleidung. Sie haben im Kloster gearbeitet und regelmäßig gebetet.
Heute leben evangelische Frauen hier. Sie laden andere ein, eine Zeit lang mit ihnen zu leben, über Gott zu sprechen und zu beten.

❷ **Petrus** steht hier mit einem Schlüssel in der Hand. Er gehört zu den 12 Jüngern Jesu. Jesus hat ihm den Auftrag gegeben, auf der ganzen Welt Menschen für den Glauben an Jesus zu gewinnen.
(zu Petrus vgl. Kirche St. Petrikirche Burgwedel)

Am *Altar* siehst Du oben einen großen ❸ **Engel**. Er breitet die Flügel aus, als wolle er alle beschützen. Er lacht freundlich.

Vielleicht „leben die Engel auch im Himmel und beschützen Gott. Vielleicht haben sie Jesus dorthin gebracht, als der gestorben ist."

④ Moses hat lange vor Jesus gelebt. Die Zehn Gebote hat er von Gott. Mit ihnen können wir gut miteinander leben. Jesus hat sich an die Gebote gehalten, zum Beispiel: Du sollst Gott mit deinem ganzem Herzen lieben! Du sollst den Feiertag einhalten!

Du sollst nicht lügen! Du sollst nicht töten! Jesus zeigt uns: Wenn man Gott liebt, hat man auch die anderen Menschen und sich selbst gerne und will gut sein.

Wir sind Kinder der evangelisch-lutherischen Kindertagesstätte der Stiftskirche St. Cosmas und Damian Wunstorf

Stiftskirche St. Cosmas und Damian Wunstorf

Stiftsstr. 5A
31515 Wunstorf

- 871 Gründung eines Stiftes, das Frauen aus dem Landadel als Kanonissen in Wunstorf aufnahm
- 1010 Neubau der Kirche nach einem Brand
- heutige Anlage der *romanischen* Basilika aus dem 12. Jahrhundert, typische Abtrennung durch Säulen und Pfeiler
- *gotische* Elemente in der Chorapsis im Haupt- und Nordseitenschiff
- Sakramentenhaus im *Altarraum*, das als Helm den Pelikan als Sinnbild des Opfertodes Christi trägt

Die Kirche ist nach den Zwillingsbrüdern ❶ **Cosmas und Damian** benannt. Sie tragen eine Salbenbüchse, ein Glas und ein Buch. Cosmas und Damian haben Menschen und Tiere geheilt. Sie haben den Menschen von Gott erzählt.

Die ❷ **Bänke** sind mit schönen Holzschnitzereien verziert. Du siehst ❸ **Mandala**formen, zum Beispiel einen Knoten, ein *Kreuz*, einen Stern, ein Blatt oder eine Muschel. Mandalas findest Du auch auf den Fenstern.

(Mandalaornamente vgl. Fliesen Gartenkirche St. Marien Hannover)

Welche Muster, welche Mandalaform magst Du besonders? Du kannst sie ja aufmalen!

Auch die ④ **Säulen** sind oben, an den Kapitellen, mit verschiedenen Blättern oder anderen Mustern geschmückt. Jede Säule sieht anders aus.
(Säulen vgl. Bethlehemkirche Hannover)

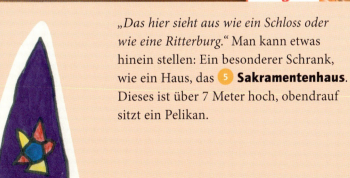

„Das hier sieht aus wie ein Schloss oder wie eine Ritterburg." Man kann etwas hinein stellen: Ein besonderer Schrank, wie ein Haus, das ⑤ **Sakramentenhaus**. Dieses ist über 7 Meter hoch, obendrauf sitzt ein Pelikan.

Glossar

Kirche: Was ist das überhaupt?

Kirche kommt von dem griechischen Wort *kyriake*, das heißt *„dem Herrn gehörig"*. So bezeichneten Christen die Gebäude, die sie eigens für ihre Gottesdienste bauten. Deshalb wird eine Kirche auch Gotteshaus genannt.

Alle Kirchen tragen zusätzlich einen Namen. Oft ist das der Name des Kirchenpatrons oder der Kirchenpatronin („Christophoruskirche", „Elisabethkirche", „Aegidienkirche" …) oder eines Kirchenreformators („Lutherkirche", „Corvinuskirche"). Manchmal ist es der Name eines der Apostel (= 12 Jünger/Freunde Jesu) oder der vier Evangelisten (= Verfasser der Worte und Geschichten Jesu, die als vier Bücher – vier Evangelien – im Neuen Testament stehen), z.B. „Markuskirche" oder „Johanneskirche".

Oder die Kirche soll an Maria, die Mutter Jesu, erinnern und heißt deshalb „Marienkirche".

Kirchen lassen auf die Zeit ihrer Erbauung schließen (Baustile)

Kirchen gehören oft zu den ältesten Gebäuden eines Ortes oder einer Stadt. Christen einer ganz anderen Zeit haben sie erbaut bzw. erbauen lassen. An bestimmten Merkmalen erkennt man, aus welcher Zeit eine Kirche stammt. Man hat die verschiedenen Zeitepochen und ihre bestimmenden Merkmale unterteilt und bezeichnet:

Romanik heißt die Zeit zwischen 900 und 1250 n. Chr. Kirchen aus dieser Zeit haben schwere wuchtige Formen, mächtige Mauerflächen, Pfeiler und Bögen und kleine Rundbogenfenster.

Gotik heißt der Baustil, der zwischen 1200 und 1500 n. Chr. üblich war. Die Kirchen aus dieser Zeit streben hoch hinauf, laufen spitz zu und haben hohe Spitzbogenfenster.

Renaissance heißt der Baustil, der in die Zeit zwischen 1400 und 1600 n. Chr. fällt. In dieser Zeit wurden die Bauwerke, also auch die Kirchen, gerne waagerecht gegliedert; man mochte rechteckige Fenster. „Renaissance" bedeutet „Wiedergeburt" (der Antike): Dem damaligen Kunstverständnis zufolge galt das vorangegangene Mittelalter als kunstlos.

Barock heißt die Zeit zwischen 1600 und 1750 n. Chr. Das Wort kommt aus dem Portugiesischen, es bedeutet „schiefrund" (im Sinne von „unregelmäßig" oder „merkwürdig"). Kirchen aus dieser Zeit sind üppig verziert. Fassaden, Säulen und Pfeiler sind prächtig geschmückt oder mit vielen Figuren versehen.

Klassizismus heißt die Zeit zwischen 1760 und 1830 n. Chr. Man richtete sich im Baustil nach den Vorbildern der „klassischen" griechischen Antike. Ganz im Gegenteil zum Barock tragen Kirchen aus dieser Zeit wenig Verzierungen und haben eine strenge klare Form.

Moderne Baustile sind zum Beispiel der **Jugendstil** (1890 – 1910 n. Chr., oft mit Pflanzenornamenten und fließenden Linien; Auflösung von Fläche durch Muster), der **Expressionismus** (1900 – 1920 n. Chr., starker Ausdruck in Farbe und Form, wenig Gegenständliches) oder der **Funktionalismus** (ab 1900 n. Chr., nüchtern und klare geometrische Bauweise).

Was ist was in einer Kirche?

Altar – *(lateinisch: altare = erhöhen)* ursprünglich eine erhöhte Opferstätte, an der Gott Brandopfer dargebracht wurden. Den Christen gilt der gekreuzigte Jesus als das eigentliche Opfer zur Vergebung der Sünden, worauf Jesus selbst in seinen Spendeworten zu Brot und Wein beim letzten Abendmahl hingewiesen hat. In Erinnerung an dieses Abendmahl hat der Altar in christlichen Kirchen die Form eines Tisches aus Holz oder Stein. Der Altar ist das Zentrum jeder Kirche und steht entweder an erhöhter Stelle am Kopfende einer Kirche oder – bei Rundkirchen – in deren Mitte. An ihm werden Gebete gesprochen, die Kollekte (vgl. Klingelbeutel) niedergelegt und vor allem das Abendmahl (evangelisch) oder die Eucharistie (katholisch) gefeiert.

Altarbild – vor allem in älteren Kirchen auf den Altar gesetztes Bild (gemalt oder geschnitzt) mit biblischen Geschichten oder Heiligendarstellungen.

Altarraum – erhöhter Raum innerhalb der Kirche für den Altar. In alten Kirchen grenzen Altarschranken – eine Art Brüstung – den Altarraum gegen den Kirchenraum ab.

Altarschranken – eine Art Brüstung, die in alten Kirchen den Altarraum gegen den Kirchenraum abgrenzt.

Ambo – *(griechisch = oben befindlich)* Pult im Altarraum für gottesdienstliche Lesungen, Vorform der Kanzel, ursprünglich an der Brüstung (Altarschranke) zum Altarraum (vgl. Lesepult).

Antependium – *(lateinisch = das Davorhängende)* schmückender Behang für die Front des Altars, des Ambo und der Kanzel; in den liturgischen Farben des Kirchenjahres (vgl. Paramente).

Apsis – *(griechisch = Bogen, Krümmung)* halbrunder oder vieleckig gewölbter Abschluss des Altarraums (vgl. Lesepult).

Empore – „obere Etage" der Kirche, oft umlaufend um das Kirchenschiff mit zusätzlichen Sitzplätzen; die Orgel befindet sich häufig auf der Empore.

Flügelaltar – Altarbild zum Aufklappen, in der Zeit der Gotik aufgekommen. An dem feststehenden Mittelteil sind rechts und links je eine Tafel als Flügel angebracht, um den Altar schließen zu können.

Glocken – Geläut, das zum Gottesdienst ruft oder zu bestimmten Zeiten am Tag geläutet wird.

Glockenstuhl – die Aufhängevorrichtung für die Glocken.

Kanzel – *(lateinisch: cancelli = Schranken)* ursprünglich an oder vor den Schranken zum Altarraum und mit mehreren Stufen über sie erhöhter Platz, von dem aus die Heilige Schrift verlesen und ab dem vierten Jahrhundert auch gepredigt wurde. Die Kanzel ist als Ort der Verkündigung des Wortes Gottes von herausragender Bedeutung.

Kirchenfenster – oft ähnliche Funktion wie die Altarbilder; in vielen Kirchen mit Darstellungen biblischer Geschichten oder besonderer Heiliger aus farbigem Glas. Eine spezielle Form ist die Fenster-Rosette *(französisch = Röschen)*, ein kreisförmiges Ornamentmotiv in Form einer stilisierten Rose: Die Konstruktionselemente Quadrat und Kreis verbunden mit einer bestimmten Zahlensymbolik und Motiven, die die Jahreszeiten, Tag und Nacht, die Tierkreiszeichen o.ä. darstellen, deuten die Durchdringung und Verbindung von Endlichem und Unendlichem an.

Kirchenschiff – Bezeichnung für den „schiffsartigen" Längsbau einer Kirche, in dem sich die Sitzbänke befinden. Dabei unterscheidet man je nach Lage in großen Kirchen das Mittelschiff, das Querschiff und das Seitenschiff. Durch ein Querschiff bildet sich das christliche Symbol des Kreuzes im gesamten Baukörper einer Kirche ab: Mit dem Betreten einer Kirche wird man Teil des Leibes Christi.

Kirchtürme – Zeichen der Verbindung zwischen Himmel und Erde, Mensch und Gott. Sie weisen schon von weitem auf eine Kirche hin. Früher dienten Kirchtürme – ähnlich wie die Türme einer Burg – auch der Befestigung und dem Schutz.

Kollekte – auch „Klingelbeutel" genannt; Behälter, in dem während des Gottesdienstes Geld für wohltätige Zwecke eingesammelt wird; auch der Betrag selber wird Kollekte genannt.

Kreuz – zentrales, an Leiden und Tod Jesu als Gottes Heilshandeln erinnerndes christliches Symbol, zunächst als Erkennungszeichen, seit dem 4. Jh. bau- und kunstgeschichtlich von großer Bedeutung. Man findet das Kreuzsymbol zumeist auf dem Altar oder der Altarwand, aber auch an anderen Stellen der Kirche.

Kruzifix – *(lateinisch: crucifixus = ans Kreuz geheftet)* plastische Darstellung Jesu am Kreuz.

Krypta – *(griechisch: kryptós = verborgen, heimlich, geheim)* „verborgener Raum" unter dem Altarraum. Früher Begräbnisstätte, heute meist als zusätzlicher Andachtsraum genutzt.

Lesepult – Stehpult, von dem aus im Gottesdienst die Lesungen aus der Bibel gehalten werden und wichtige Mitteilungen erfolgen (vgl. Ambo).

Liedtafeln – Tafeln oder Gestelle an den Seiten des Kirchenschiffs, die den Gottesdienstbesuchern die im Gottesdienst gesungenen Lieder anzeigen.

Opferstock – Dosen, Kästen oder ähnliche Behälter für Spenden, meist in der Nähe der Kirchentüren.

Orgel – begleitet seit Jahrhunderten den Gottesdienst. Sie ist das größte durch eine Einzelperson spielbare Musikinstrument. Ihre Hauptbestandteile sind das Manual (Spieltisch/Tasten für die Hände), das Pedal (Tasten für die Füße) und die Orgelpfeifen. Diese sind aus Holz oder Metall gebaut. Durch den Druck auf die Tasten der Manuale und Pedale wird verdichtete Luft für die Pfeifen freigegeben, die damit zum Klingen kommen. Die Luft für die Pfeifen, ihr „Wind", wird heute von einem elektrisch betriebenen Blasebalg bereitgestellt. Früher mussten „Bälgetreter" diese Arbeit verrichten.

Paramente – *(lateinisch: parare = sich rüsten)* gewebte, oft bestickte Tücher an Altar, Ambo und Kanzel. Sie enthalten oftmals Symbole der biblischen Botschaft und haben bestimmten Zeiten und Festen zugeordnete liturgische Farben (weiß: Reinheit / Freude z.B. zu Weihnachten und Ostern; rot: Blut / Feuer u.a. zu Pfingsten und zur Konfirmation; grün: Leben zu den „gewöhnlichen" Tagen im Kirchenjahr; violett: Fasten, Buße zur Advents- und Passionszeit). In der katholischen Kirche werden auch die liturgischen Gewänder der Priester und Pfarrer als Paramente bezeichnet.

Sakristei – *(lateinisch: sacer = heilig)* Nebenraum des Altarraums, wo Gewänder und Geräte für den Gottesdienst aufbewahrt werden und alle im Gottesdienst Mitwirkenden sich auf den Gottesdienst vorbereiten können.

Taufbecken / Taufstein – Wasserbecken zur Taufe, durch die Kinder, Jugendliche oder Erwachsene in die christliche Kirche aufgenommen werden. Der Taufstein, ursprünglich im westlich gelegenen Eingangsbereich der Kirche aufgestellt, ist oft mit Bildern aus biblischen Geschichten oder Ornamenten verziert.
Früher wurden die Säuglinge beim Taufen drei Mal untergetaucht zum Zeichen dafür, dass sie im Glauben rein, d.h. „ein neuer Mensch werden". Heute wird dazu drei Mal etwas Wasser über den Kopf gegossen. Dazu werden zumeist flachere Taufschalen benutzt.

Wetterhahn – geschmiedetes Symbol auf der Spitze vieler Kirchtürme in Erinnerung an die Geschichte von Petrus, der Jesus verleugnet hat, „bevor der Hahn drei Mal kräht" (Mt 26,69ff): Christen sollen ihren Glauben nicht verleugnen.

Zusätzliche Dinge, die typisch für katholische Kirchen sind

Ewiges Licht – (Öl)Lämpchen in der Nähe des Tabernakels, das an die besondere Nähe Jesu erinnern soll.

Heiligenaltar – Altar, oft in einem Seitenschiff der Kirche; dort wird eines besonderen Heiligen gedacht; manchmal verbunden mit einer Reliquie *(lat.: „Überbleibsel")*, einem Erinnerungsstück (Knochen, Kleidung) an diesen Menschen.

Marienaltar – Altar mit Darstellungen Marias, der Mutter Jesu; oft außerordentlich geschmückt.

Tabernakel – kommt vom lateinischen *tabernaculum* und bedeutet „Zelt" oder „Hütte". Es bezeichnet das meist sehr wertvolle Gefäß, in dem das geweihte Brot, die Hostien, für den Gottesdienst aufbewahrt werden. In manchen Kirchen sieht es aus wie ein kleines Haus und wird deshalb auch Sakramentenhäuschen genannt.

Weihwasserbecken – Becken am Eingang der Kirche mit geweihtem Wasser, mit dem sich die Kirchenbesucher segnen und sich an ihre Taufe erinnern.

Ingrid Frank